COLOUR

당신의 삶에
생명을 불어넣다

영 성 으 로 채 워 가 는 컬 러 링 북

마르셀 플라이어 그림

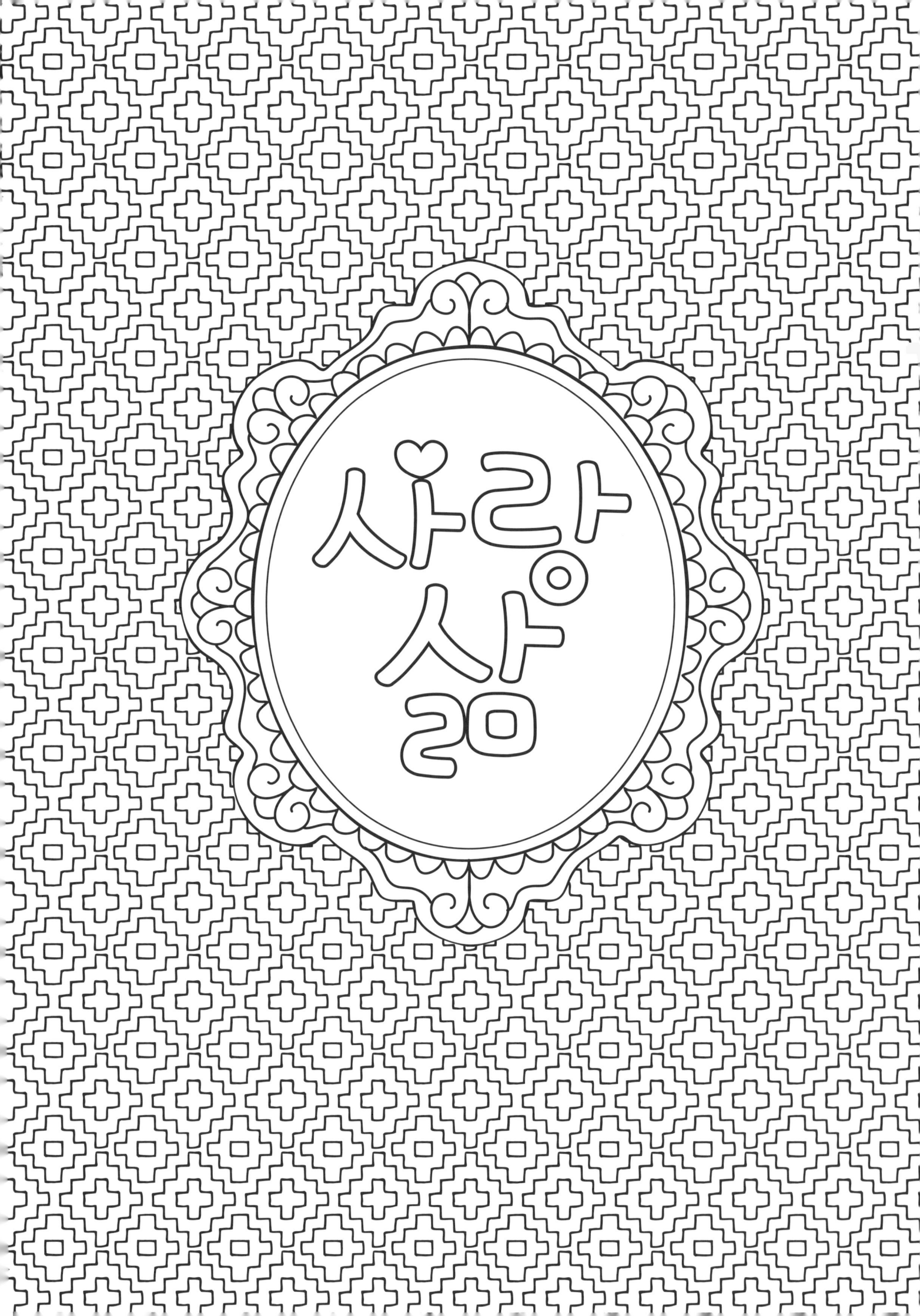

한처음에 말씀이 계셨다.

말씀은 하느님과 함께 계셨는데

말씀은 하느님이셨다.

그분께서는 한처음에 하느님과 함께 계셨다.

모든 것은 그분을 통하여 생겨났고

그분 없이 생겨난 것은 하나도 없다.

요한 1,1-3

나를 믿는 사람은 성경 말씀대로 그 속에서부터 생수의 강들이 흘러나올 것이다.

요한 7,38

시온의 자손들아, 주 너희 하느님 안에서 즐거워하고 기뻐하여라.
주님이 너희에게 정의에 따라 가을비를 내려 주었다.
주님은 너희에게 비를 쏟아 준다. 이전처럼 가을비와 봄비를 쏟아 준다.

요엘 2,23

삶 안의 소소함을 즐기기를!

우리가 함께 있는 곳이 어디든 그곳은 우리의 집입니다.

진리가 당신을 자유롭게 할 것입니다.

당신을 신뢰하니 아침에 당신의 자애를 입게 하소서.
당신께 제 영혼을 들어 올리니 걸어야 할 길 제게 알려 주소서.

시편 143,8

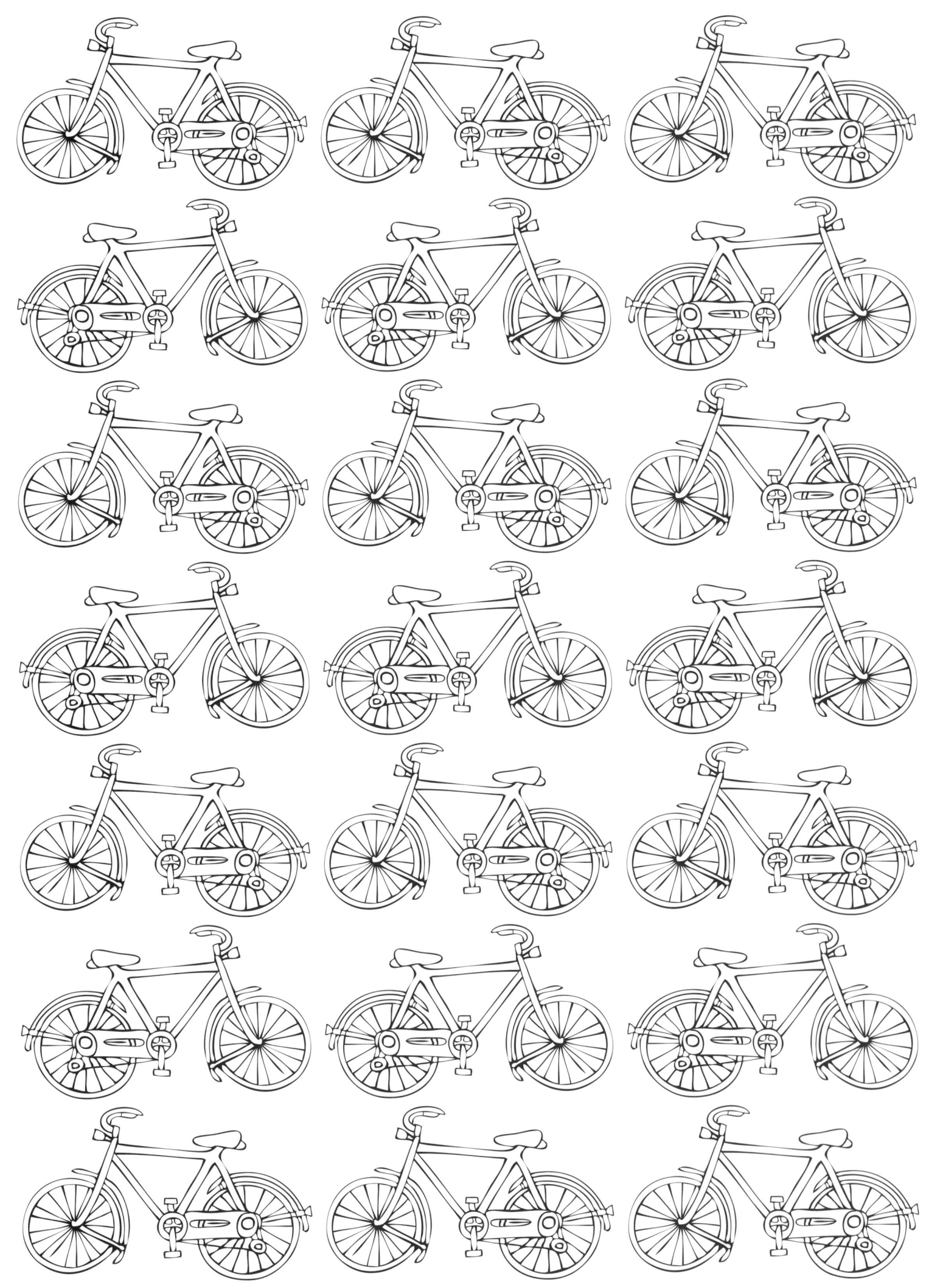

엽서에 컬러를 입혀 봅시다. 점선을 따라 오린 뒤에 누군가에게 기쁜 선물로 보내세요!

엽서에 컬러를 입혀 봅시다. 점선을 따라 오린 뒤에 누군가에게 기쁜 선물로 보내세요!

....
....
....
....
....
....

....
....
....
....
....
....